AF314863

MODIFICATIONS

AU CODE DE PROCÉDURE CIVILE

RELATIVEMENT

DE LA DISTRIBUTION PAR CONTRIBUTION
ET A L'ORDRE ENTRE CRÉANCIERS

Étude critique du projet de loi présenté au Sénat
le 7 novembre 1878

PAR

JULES AUDIER

Juge aux ordres au tribunal de Grenoble.

———

PARIS

IMPRIMERIE DE E. DONNAUD

1, RUE CASSETTE, 1.

—

1879

MODIFICATIONS

A APPORTER

AU CODE DE PROCÉDURE CIVILE

RELATIVEMENT A LA DISTRIBUTION

PAR CONTRIBUTION ET A L'ORDRE ENTRE CRÉANCIERS

Le Sénat est saisi d'un projet de loi portant modification des art. 656 à 672 C. pr. civ., en matière de distribution par contribution. Ce projet a pour but de généraliser le système de conciliation si heureusement inauguré par la loi de 1858, et d'appliquer aux distributions par contribution les améliorations apportées dans le règlement des ordres.

Les justiciables ne peuvent qu'applaudir aux innovations proposées ; il nous semble même, puisqu'il s'agit de réformes à introduire dans notre législation, que ces réformes devraient être encore plus complètes, mieux en harmonie avec la pratique, plus conformes enfin au double but de *célérité* et d'*économie* poursuivi par le législateur de 1858.

Il importe de remarquer, à cet égard, que les améliorations apportées par la loi sur les ordres n'ont pas paru suffisantes dans la pratique et que chaque jour on arrive à simplifier encore la procédure établie. Dès lors ne serait-il pas rationnel de consacrer dès à présent par une loi les perfectionnements nés de l'expérience, et de faire une loi d'ensemble pour les distributions par contribution et pour les ordres ?

Purge des hypothèques inscrites. — Dans l'état actuel de notre législation (C. pr., art. 772), un ordre sur aliénation volontaire n'est ouvert qu'après l'accomplissement des formalités prescrites pour la purge des hypothèques inscrites, de manière à laisser aux créanciers inscrits le temps d'exercer leur droit de surenchère.

Mais ces formalités entraînent des frais dont la charge pèse exclusivement sur le dernier créancier à colloquer ; elles exigent d'autre part un délai moyen de trois mois avant l'ouverture de l'ordre, ce qui constitue un préjudice pour la plupart des créanciers.

De là un double inconvénient qui ne saurait subsister plus longtemps, en présence des renseignements si complets que les essais de conciliation assurent aux créanciers pour le libre exercice de leurs droits.

Pour apprécier en effet l'utilité d'une surenchère, il ne suffit pas de connaître le prix à distribuer, le nombre et le rang des créanciers inscrits ; il faut encore étudier la valeur des inscriptions, rechercher les créances qui peuvent être éteintes par paiement, par extinction d'usufruit ou autres causes, celles enfin qui peuvent fonctionner sur le prix. Or, ces différents détails ne peuvent point être révélés par les notifications prescrites par les art. 2193 et s. C. civ.; ils sont au contraire exactement connus pendant les essais de conciliation. — La notification du contrat est donc sans utilité avant l'ouverture d'ordre ; elle est de plus sans objet après cette ouverture, lorsque tous les créanciers inscrits ont comparu devant le magistrat conciliateur (V. Cass., 15 mars 1876, *J. de procéd.*, Art. 10626).

La notification de contrat n'a donc plus sa raison d'être; aussi, dans la pratique, pourrait-on citer de nombreux exemples de procédures ouvertes sans formalités de purge, sur l'initiative d'officiers ministériels plus soucieux de ménager les intérêts de leurs clients que de réaliser les quelques bénéfices qu'ils auraient pu obtenir.

Dans ce système ne vaudrait-il pas mieux supprimer la formalité de la purge des hypothèques inscrites, comme préalable obligé d'une ouverture d'ordre, et décider que les créanciers, pendant le cours des essais de conciliation, devraient ratifier la vente dont le prix leur est offert, ou demander un sursis pour exercer leur droit de surenchère ?

Consignation. — La consignation des fonds à distribuer est une innovation de la L. 1858 (art. 777) dont on ne peut méconnaître les avantages pour la partie qui consigne, mais elle a aussi de sérieux inconvénients pour les créanciers qui ont à subir, tous sans exception, les embarras du retrait des fonds, et spécialement pour les créanciers en perte à raison de la différence des intérêts servis par la Caisse et de la suspension du cours de ces intérêts pendant les 60 jours qui suivent le dépôt.

Il serait donc juste de concilier les droits de tous, au lieu de sacrifier les intérêts du plus grand nombre au profit d'un seul, et de décider que la consignation ne pourrait jamais être réalisée qu'après les délais de conciliation.

Cette restriction dans la faculté du dépôt serait sans inconvénient sérieux pour l'acquéreur, car il dépend toujours de lui de hâter l'ouverture de l'ordre et le moment de sa libération.

Le droit de dépôt avant l'ouverture de l'ordre est au contraire une cause de préjudice grave pour les créanciers, sans que ces derniers puissent s'en défendre et conjurer le mal qu'ils auront à subir plus tard.

Qu'importe en effet, pour leur défense, la sommation faite au vendeur, avant une ouverture d'ordre, de rapporter la mainlevée des hypothèques inscrites ? — Du jour où un vendeur se trouve dans le cas de la consignation, par le fait de sa situation hypothécaire, il est certain qu'il n'est plus la partie vraiment intéressée à régulariser cette situation ; c'est un failli aux abois qui laisse à ses créanciers le soin de défendre leurs intérêts personnels. — Dès lors il est rationnel d'attendre que tous les intéressés soient en présence pour les mettre en demeure de hâter la liquidation de leurs droits respectifs, sous peine de subir les conséquences funestes de la consignation.

Dans le cas de dépôt à la caisse des consignations, l'administration a émis la prétention d'exiger un état des inscriptions grevant les immeubles dont le prix de vente faisait l'objet du dépôt. Cette prétention, vivement attaquée dans une brochure publiée en 1871 sur *la réforme du Code de procédure civile, par J. Veritas,* — a été abandonnée depuis 1878, en suite d'instructions nouvelles, — pour les dépôts sur expropriation forcée et sur aliénation volontaire; — mais elle a été maintenue pour les dépôts consignés à la suite d'une expropriation pour cause d'utilité publique. — Cette exception peut avoir sa raison d'être ; elle ne saurait toutefois être une cause d'augmentation de frais pour les créanciers et motiver un double état hypothécaire. — Il faudrait décider, alors, que les ouvertures d'ordres provoquées à la suite d'expropriation pour cause d'utilité publique auront lieu sur dépôt d'une copie de l'état des hypothèques certifiée par l'agent de la caisse et d'une copie du certificat de consignation.

Convocations. — Les convocations prescrites par les art. 751 C. pr. et 658 projet de loi sur les contributions, doivent être adressées au *domicile* indiqué soit dans les inscriptions, soit dans les actes d'opposition.

A cet égard, il importe de remarquer que l'administration des Postes voulant prévenir toute erreur, toute confusion et même toute impossibilité de remettre les lettres chargées à leur destination, exige partout, lorsqu'il s'agit de destinataires demeurant dans de grands centres, que chaque adresse présente les nom et numéro de la rue du domicile; or ces indications ne sont pas prescrites par les art. 2148 C. civ. et 61 C. pr. civ., et généralement elles ne sont pas consignées dans les bordereaux d'inscription, ni dans les oppositions; de là des refus de chargement et d'expédition de lettres dont les adresses sont incomplètes.

Dans ces circonstances les essais de conciliation sont bien compromis.

Un autre inconvénient à signaler, pour ne pas dire un nouvel écueil.

Les inscriptions sont régulièrement prises pour 10 ans et dans cet intervalle de temps certains créanciers inscrits disparaissent sans laisser trace de leur existence ; d'autres décèdent ; d'autres enfin tombent en faillite. Les convocations adressées à ces créanciers restent généralement sans effet ; et quels que soient les efforts du juge, très-souvent ces efforts sont impuissants pour régulariser ses essais de conciliation. — De là ouverture d'un ordre judiciaire pour arriver à la déchéance des uns et des autres par voie de sommations par le ministère d'un huissier, sommations destinées au même sort que les lettres chargées, et qui par suite ne parviennent jamais aux intéressés. De là des frais *sans utilité sérieuse* dont tout le poids pèse sur les créanciers en perte, sans moyen pour eux de se défendre, et ces frais cependant n'ont d'autre cause que l'insouciance ou la négligence des absents, pour lesquels il serait si facile de révéler leur existence s'ils avaient des droits à exercer.

Ne serait-il pas juste dans ces circonstances, de décider qu'à l'avenir tout créancier inscrit ou opposant devrait, à peine de nullité, faire connaître son domicile et le nom et le numéro de la rue qu'il habite ? — En cas de changement, il serait tenu de faire connaître ce changement par une mention en marge de son inscription, sous peine de déchéance de ses droits sur les biens du débiteur. — Cette double condition n'entraînerait aucun préjudice pour le créancier, et augmenterait le gage des créanciers en perte.

En cas de décès une mention serait obligatoire de la part des héritiers dans le délai d'inventaire, pour faire connaître leurs noms, prénoms, qualités et domiciles.

En cas de faillite, enfin, le syndic devrait faire mentionner le changement d'état du failli en marge des inscriptions qu'il croirait utile de maintenir, — ce qui ferait disparaître beaucoup d'inscriptions qui n'ont plus leur raison d'être, et qui ne peuvent pas être rayées avec le consentement du syndic, après la clôture des opérations de la faillite.

Représentation. — Les créanciers ne se présentent pas toujours en personne aux essais de conciliation, ce qui souvent a fait mettre en question le point de savoir si MM. les avoués ont qualité pour les représenter.

La doctrine est très-divisée sur la question. La jurisprudence se prononce invariablement pour la négative. V. notre *Code des distributions et des ordres*, art. 751, n° 33.

La pratique, plus puissante, adopte chaque jour un avis contraire, parce qu'il ne saurait être douteux que MM. les avoués sont des auxiliaires dont le juge ne saurait se séparer sans porter une grave atteinte à l'institution des ordres amiables. V. M. Dutruc, *J. des Avoués*, 75, p. 109 et suiv.

Nous ne pensons point, toutefois, qu'il faille rendre obligatoire le ministère des avoués. Ce ministère, en effet, doit dépendre des circonstances et du rôle à remplir; car, de même qu'il est impérieux dans bien des cas, de même il serait superflu dans beaucoup d'autres, notamment lorsqu'il s'agit de reconnaître qu'une créance est payée ou a été subrogée, qu'elle n'est point garantie par les immeubles dont le prix a fait l'objet de l'ordre; lorsque, enfin, certains créanciers veulent renoncer à faire valoir leurs droits.

Présence des détenteurs des valeurs à distribuer et du débiteur discuté. — Il est de règle qu'un ordre amiable peut être clos en l'absence de l'acquéreur ou de l'adjudicataire (débiteur du prix à distribuer), et en l'absence du débiteur discuté (saisi ou vendeur). V. notre *Code des distributions et des ordres*, art. 751, n°s 94 et suiv. Il en serait de même en matière de distribution par contribution, de conformité à l'art. 659 du projet de loi. Mais dans l'un et l'autre cas, le débiteur du prix et le débiteur discuté restent maîtres d'arrêter l'exécution d'une procédure *terminée*. V. Chauveau, *L. de la pr.*, quest. 2551 *ter*.

Il y a là des inconvénients graves que l'on ne devrait pas laisser subsister; il y a là un élément de controverse sérieuse, et il serait fâcheux que le législateur laissât la plus légère incertitude à cet égard.

On comprend sans peine que l'absence de l'adjudicataire et du saisi, ainsi que l'a dit M. Riché dans son rapport sur la loi de 1858, « ne puisse pas être un obstacle au règlement amiable des créanciers »; mais il est difficile de comprendre que ce règlement fait, on laisse à l'adjudicataire le droit de pouvoir plus tard, par des raisons personnelles, entraver l'exécution qui pourrait en être faite contre lui, pour erreurs commises dans la liquidation de son prix, pour omissions de retranchements qu'il aurait le droit d'opérer ; ou bien qu'on autorise le saisi à remettre en question la liquidation des créances colloquées.

Le règlement une fois arrêté devrait être définitif, aussi bien vis-à-vis des créanciers que vis-à-vis des débiteurs. Il est rationnel, sans doute, que le saisi et l'adjudicataire soient libres de ne pas assister aux essais de conciliation, s'ils croient inutile d'y concourir; mais il faut aussi mettre une limite à leur droit de contrôle et de contestation.

Le projet de loi (art. 658) voudrait que le saisi soit sommé par ministère d'huissier ; mais pourquoi modifier sur ce point les règles suivies en matière d'ordre. Toute innovation est une aggravation de frais sans utilité pour le saisi; elle serait, de plus, une cause de retard certaine dans la marche de la procédure. Le juge, en effet, doit convoquer les créanciers pour comparaître dans les *dix* jours; or, ce délai ne pourrait jamais se concilier avec une sommation par huissier, soumise aux délais des distances et aux délais nécessaires pour la préparation de cet acte, de la part du poursuivant.

Présence des créanciers. — Les créanciers, au contraire, doivent assister aux essais de conciliation, sous peine d'amende ; sanction utile, précieuse même, qui ne doit pas être abandonnée à la volonté du juge, comme le voudrait le projet de loi de 1878, sauf à rapporter l'amende, s'il y a lieu, après la signification au défaillant, sur les explications qu'il pourra donner au juge comme excuse de son absence.

Cette signification, qui est un acte judiciaire, devrait être utilisée à l'égard du défaillant pour le mettre en demeure de comparaître dans un délai de quinzaine pour faire valoir ses droits, s'il y a lieu ; à ce défaut, le juge devrait être autorisé à prononcer d'office sa *déchéance*, qui, dans l'état actuel de notre législation, est la suite du défaut de produire après la sommation de l'art. 753 du C. pr. civ.

Demande en collocation. — Au jour fixé pour les essais de conciliation, chaque créancier devrait être tenu de déposer le compte exact de sa créance en capital, intérêts et frais, avec pièces justificatives à l'appui.

La précision, même en matière de conciliation, est une condition indispensable pour éviter des erreurs ou omissions de la part du magistrat chargé de diriger la conciliation, pour assurer à chaque règlement une base certaine. Il ne faut pas que le magistrat soit exposé à faire ses propositions sur de simples réclamations verbales, qui permettent toujours de dire qu'elles n'ont pas été suffisamment entendues.

A ce sujet, il n'est pas sans utilité de rappeler que la citation en conciliation fait courir les intérêts (C. pr., art. 57). Ne serait-ce pas le cas de faire l'application de cette règle à la conciliation sur distributions et sur ordres ? Ne serait-ce pas le cas de décider que chaque demande en collocation, au jour de la réunion, devrait être liquidée en capital et intérêts à ce jour, et que le total à cette époque serait productif d'intérêts, ainsi que tous les frais réclamés en accessoire de la créance ?

Toute innovation à cet égard aurait l'avantage de créer une situation définitive à chaque créancier, sans qu'il ait à se préoccuper des mesures à prendre pour faire courir des intérêts qu'il est en droit de réclamer et dont il est généralement privé pendant le cours de la procédure, au profit de créanciers postérieurs.

Règlement amiable. — La loi de 1858 (art. 751 et 752) et le projet de loi de 1878 (art. 659 et 660) accordent au magistrat conciliateur un délai d'un mois pour régler les procédures qui lui sont confiées. Pendant ce délai, les prétentions des parties intéressées sont exposées et discutées devant le magistrat conciliateur. Dans la pratique, ce magistrat dresse ensuite un projet de règlement qu'il soumet à l'approbation des créanciers, et, suivant les résultats de cette vérification, l'ordre est amiable ou devient judiciaire.

Ordre judiciaire. — Dans ce dernier cas, les parties reprennent leurs pièces et doivent attendre à domicile l'accomplissement des formalités prescrites par la loi, formalités qui avaient leur raison d'être sous l'empire du Code de 1808, mais qui auraient dû disparaître avec la loi de 1858, suivant, à cet égard, les heureuses inspirations de la commission qui avait préparé le projet de loi.

Mais ce que le législateur n'a pas voulu faire en 1858 a été réalisé maintes fois par la pratique depuis cette époque, et on ne comprendrait pas que nos législateurs nouveaux ne s'empressent pas de consacrer par une loi les précieux résultats de l'expérience.

, A' quoi servent, en effet, les sommations de produire et les délais qui en sont la suite? Quelle est l'utilité d'une demande en collocation nouvelle, lorsque cette demande a déjà été faite? Pourquoi obliger le juge à refaire un travail préparatoire qu'il a précédemment élaboré? Pourquoi donner aux créanciers un nouveau délai pour prendre connaissance d'un projet dont ils ont déjà, une première fois, apprécié l'économie et les conséquences? Tous ces actes de procédure et les délais qui en sont la suite (six mois environ), nécessaires sous l'empire du Code de 1808, ne constituent plus aujourd'hui qu'une perte de temps et d'argent.

Et qu'on ne dise pas que MM. les avoués, que le Trésor, sont intéressés à ne pas voir disparaître le formalisme de 1808! Si l'objection était présentée, il nous serait facile de répondre que de plus en plus dans la pratique on cherche à faire disparaître ce formalisme, sur la demande même des parties intéressées. On ne saurait donc imposer aux parties des actes de procédure qu'elles ont le droit d'abandonner.

Mais, dira-t-on, la suppression de la procédure n'est pas possible vis-à-vis des absents et des incapables.

A l'égard des absents, il nous suffit de rappeler les observations que nous avons présentées précédemment, pour montrer que la signification de l'ordonnance de condamnation à l'amende supplée à tout.

En ce qui touche les incapables, il est vrai que les ordres

amiables ne peuvent aboutir qu'à la condition, pour ces derniers, d'être complétement désintéressés (V. notre *Code des distributions et des ordres*, art. 75, nᵒˢ 65 et s.); mais qu'importent pour leur défense les divers actes de procédure à supprimer? La surveillance tutélaire du magistrat qui préside aux essais de conciliation n'est-elle pas plus puissante que ne peut l'être une sommation de produire par le ministère d'un huissier?

Nul doute que les incapables ne peuvent pas transiger sur leurs droits; leur incapacité ne saurait toutefois motiver un luxe de procédure coûteux et qui amène fatalement des longueurs préjudiciables à tous.

Nul doute encore que les incapables ne peuvent pas ratifier un projet de règlement qui porterait atteinte à leurs droits; mais à cet égard ne serait-il pas suffisant de renvoyer les parties devant le tribunal, comme cela devrait avoir lieu pour toutes les contestations que les capables élèveraient contre des projets de règlement qui ne seraient pas susceptibles de transaction?

En résumé, plus de distribution, plus d'ordre judiciaire soumis aux règles du Code de procédure. Toute tentative de conciliation doit être suivie d'un projet de règlement soumis à l'appréciation des parties. Les parties sont-elles capables, elles l'approuveront, et le règlement deviendra définitif. Le règlement est-il contesté, intéresse-t-il des incapables, il suffira de renvoyer les contestants et les incapables devant le tribunal par une ordonnance du juge suivie d'un avenir d'audience.

Radiation. — Aux termes des art. 751 et 759 C. pr., les inscriptions des créanciers colloqués ne doivent pas être radiées par le juge; leur radiation ne doit avoir lieu qu'après paiement des bordereaux. Dans la pratique, cette radiation est *souvent* négligée, et de là des embarras sérieux au moment des reventes.

Ne serait-il pas plus simple de décider que le juge prononcera la radiation de toutes les inscriptions lorsque les parties intéressées y consentiront?

Ce mode de procéder serait un sûr garant de l'apuration hypothécaire des immeubles qui feraient l'objet d'une procédure d'ordre ; il serait d'une exécution facile et *sans danger* pour les créanciers colloqués, en matière d'expropriation forcée.

Nous savons, en effet, qu'à partir de l'ouverture de l'ordre, les inscriptions ont produit tout leur effet et ne sont pas soumises à l'obligation du renouvellement. Nous savons aussi que l'exécution des bordereaux est assurée par l'inscription d'office, qui profite à la masse des créanciers du saisi, en vertu de la délégation qui leur est faite par le cahier des charges. V. Boulanger, *Traité des Radiations hyp.*, p. 363, n° 377.

Il faut reconnaître, il est vrai, qu'en matière d'aliénation volontaire on ne trouve pas la même garantie dans l'inscription d'office, qui ne profite qu'au vendeur seul ou à ses subrogés (C. civ., art. 2108), et qui peut être radiée de leur consentement.

L'objection est assurément fondée, mais le moyen d'y remédier est bien facile. Il suffit, en effet, de décider que tout poursuivant un ordre devra, dans sa réquisition d'état hypothécaire au conservateur, faire connaître la poursuite qu'il va engager ; que le conservateur devra mentionner cette poursuite en marge de l'inscription d'office, et qu'à partir de cette époque cette inscription ne sera plus rayée que suivant les règles établies en matière d'expropriation forcée.

Contrôle. — Le législateur de 1858 a pensé, avec raison, que le service des ordres devait être soumis au contrôle des chefs des cours et des présidents des tribunaux. Ce contrôle, a dit le rapporteur de la loi, « n'enlève rien à l'indépendance et à la dignité du magistrat. Il est une garantie pour les justiciables ; il fera retomber la responsabilité sur qui de droit ; il exercera une heureuse influence sur les officiers ministériels qui tiennent à honneur de n'être pas signalés comme coupables de négligence. »

L'expérience démontre chaque jour que lorsque ce contrôle est *sérieusement exercé*, il est un puissant secours pour le magistrat et les justiciables ; on ne saurait donc le mettre en œuvre avec trop de soin.

Le contrôle exercé dans les ordres devrait donc prendre sa place dans les distributions par contribution.

Frais. — Nous avons suffisamment démontré que l'intervention des officiers ministériels est aussi nécessaire dans les ordres amiables que dans les ordres judiciaires, et notre avis ne saurait faire un seul doute. Cette intervention n'est point, il est vrai, un principe de droit, mais elle est un fait qui ressort d'une manière précise des résultats fournis par la statistique annuelle de la Chancellerie, au point de vue des frais exposés dans les ordres amiables.

L'étude des chiffres fournis en cette matière démontre, en effet, qu'une large part est faite aux honoraires dus à MM. les avoués, et *c'est justice.* Elle démontre ensuite que les honoraires augmentent chaque année ; *c'est un mal que le législateur doit prévenir.*

Pour l'intelligence de nos appréciations, il nous suffira de reproduire les résultats fournis pendant les trois dernières années, au point de vue des capitaux à distribuer et des frais taxés :

Années.	Capitaux.	Frais.	Moy. p. ordre.
1874	67,960,879 fr.	1,596,549 fr.	297
1875	63,451,440	1,530,865	300
1876	54,066,869	1,533,809	317

Nous rappellerons ensuite que les frais taxés comprennent des droits proportionnels perçus par le Trésor, savoir : 0,625 0|0 du capital à distribuer pour droit de collocation, et 0,312 0|0 pour droit de rédaction de bordereau ; ils comprennent encore les frais de convocation et autres dus à MM. les greffiers (relativement peu importants), et ceux pour honoraires de MM. les avoués.

Décomposition faite des frais taxés d'après les distinctions rappelées, on obtient les résultats suivants :

Ordres clos.	Frais taxés.	Droits de collocation.	Droits de rédaction.	Autres frais.	Moyenne de ces frais.
5368	1,596,549 fr.	424,755 fr.	242,377 fr.	959,387 fr.	179
5102	1,530,865	393,696	196,848	940,321	184
4839	1,533,809	337,918	168,959	1,026,932	212

L'examen attentif de notre premier tableau, comparé au second, démontre, d'une manière absolue, que les honoraires ont augmenté chaque année, alors que les droits proportionnels ont subi de notables diminutions. C'est un résultat qui n'a d'autre cause que l'absence de tarifs, et qu'on pourrait dès lors faire disparaître par l'adoption de règles uniformes pour tous, règles qu'il serait si facile d'emprunter au tarif de 1808 (art. 130, 131, 133, 134 et 135), avec, toutefois, une modification relative à la vacation de l'art. 135, vacation qui serait due toutes les fois qu'il y aurait examen d'un projet de règlement après les essais de conciliation.

Comme application des observations générales que nous venons de présenter à l'appui des réformes que nous croyons nécessaire d'introduire dans notre législation pour arriver au double but de *célérité* et d'*économie* poursuivi depuis si longtemps dans la matière des distributions et des ordres, nous terminerons cette étude par un projet de rédaction des articles de loi à modifier.

PROJET DE LOI.

Art. 1. — Les art. 656 à 673 et 749 à 779 du Code de Procédure civile sont modifiés comme il suit :

Titre XI. — *De la distribution par contribution.*

Art. 656. — Maintenir les dispositions de l'art. 656 modifié par le projet de 1878.

Art. 657. — Conforme à l'art. 657 modifié.

Art. 658. — Conforme à l'art. 658 modifié, sauf en ce qui touche la sommation au saisi, — qui ne devrait pas être faite autrement que par lettre chargée.

Art. 659. — Au jour fixé par l'ordonnance de convocation, les parties comparaissent en personne ou par le ministère d'un avoué, et déposent entre les mains du juge le compte détaillé de leur créance, en capital, intérêts et frais à ce jour, avec pièces à l'appui. La remise du compte est mentionnée sur le procès-verbal du juge ; elle interrompt la prescription et fait courir les intérêts. — Le saisi et le débiteur du prix doivent comparaître également, sous peine de déchéance de tous leurs droits de contestation après le règlement à intervenir.

Art. 660. — Les frais de poursuite sont prélevés par privilège, avant toute créance autre que celle pour loyers dus au propriétaire.

Art. 661. — Dans le mois de la première réunion, si toutes les parties sont d'accord pour un règlement à l'amiable, le juge clôt les essais de conciliation ; il dresse ensuite le règlement dont les parties sont convenues. A cet effet, il liquide le prix à distribuer, les frais de poursuite et ceux de chaque créancier admis à concourir dans la distribution ; il prononce enfin la mainlevée des oppositions et ordonne la délivrance des bordereaux aux créanciers colloqués.

Art. 662. — A l'expiration du mois, si les essais de conciliation sont restés infructueux par suite de l'absence ou de l'incapacité d'un ou de plusieurs créanciers, un sursis est prononcé par le juge et le créancier non comparant est condamné à une amende de 25 fr.

L'ordonnance est ensuite signifiée au défaillant à la requête du ministère public, avec sommation de paraître devant le juge dans la quinzaine, pour faire rabattre le défaut s'il y a lieu et pour produire sa demande en collocation, avec pièces à l'appui.

A défaut de comparution sur cette signification, l'ordonnance est définitive et le créancier déchu de tous ses droits sur le prix en distribution.

Au jour fixé pour la comparution de l'absent, une dernière réunion a lieu en présence de tous les créanciers, du saisi et du débiteur, sans que l'absence de l'un et de l'autre puisse empêcher un règlement amiable.

En cas de nouveau défaut, le juge prononce la déchéance du créancier défaillant, et dresse procès-verbal du règlement convenu entre les parties présentes, conformément à l'art. 661.

Art. 663. — En cas de désaccord entre les parties pour la distribution intégrale de la somme déposée, ou bien dans le cas d'incapacité de l'une des parties, il peut être procédé à un règlement amiable partiel en faveur de tout créancier ayant une cause de préférence, dont la demande n'est contestée ni quant au rang ni quant au chiffre.

Art. 664. — Le juge dresse en même temps un projet de distribution entre les créanciers contestés ; ce projet est dénoncé par le poursuivant aux créanciers, au saisi et au débiteur du prix, par acte d'avoué, et par signification à partie pour celles qui ont comparu en personne, avec sommation de contredire s'il y échet, dans le mois.

Toute contestation est ensuite motivée au bas du procès-verbal par un dire contenant constitution d'avoué.

Art. 665. — A l'expiration du délai pour contredire, sans contestation, le juge dresse le règlement définitif, conformément à l'art. 662. — En cas de contredit, le juge renvoie les parties contestantes et contestées devant le trib.

Art. 666. — L'audience est suivie et l'instance jugée conformément aux règles des art. 761, 762 et 766.

Art. 667. — En cas d'appel, il est procédé conformément aux art. 763, 764, 765 et 766.

Art. 668. — Le règlement définitif est dénoncé aux intéressés suivant les règles de l'art. 767.

Art. 669. — Tout retard du poursuivant dans l'accomplissement des formalités prescrites par les art. 666, 667 et 668 entraîne la déchéance de la poursuite, et, par ordonnance du juge, un nouvel avoué est commis pour continuer la procédure.

Art. 670. — Art. 670 du projet.

Art. 671. — Art. 671 —

Art. 672. — Art. 672 —

TITRE XIV. — *De l'Ordre.*

Art. 749. — Il y a lieu à ordre lorsque le prix provenant de la vente d'un immeuble est insuffisant pour payer les créanciers privilégiés ou hypothécaires.

Art. 750. — Le règlement des ordres a lieu par un ou plusieurs juges désignés comme il est dit à l'art. 656, sous la surveillance et le contrôle des Présidents de tribunaux respectifs et des chefs de cour.

Art. 751. — Art. 750 C. pr.

Art. 752. — Lorsque l'aliénation n'a pas lieu sur expropriation forcée, l'ordre est provoqué par le créancier le plus diligent ou par l'acquéreur. — Il peut aussi être provoqué par le vendeur, mais seulement lorsque le prix est exigible.

Dans l'un et l'autre cas, l'ouverture est faite sans l'accomplissement préalable des formalités prescrites pour la purge des hypothèques inscrites. Si la somme est consignée, dépôt sera fait au greffe du certificat de la Caisse et d'une copie de l'état hypothécaire.

Art. 753. — Le droit de surenchère devra s'exercer pendant les essais de conciliation, et à ces fins un sursis pourra être accordé par le juge-commissaire, sur la demande du créancier qui voudra faire une surenchère.

Art. 754. — Les convocations seront faites aux créanciers

inscrits, au saisi et à l'adjudicataire, dans les formes établies par l'art. 658.

Art. 755. — Les créanciers à hypothèque légale qui n'ont pas fait inscrire leur hypothèque avant la transcription du jugement d'adjudication ne conservent leurs droits sur le prix qu'à la condition de formuler leur demande avant la clôture du procès-verbal de règlement amiable ou avant l'expiration du délai des contredits.

Art. 756. — Dans les ordres ouverts sur aliénation autre que l'expropriation forcée, les créanciers à hypothèque légale qui n'ont pas fait inscrire leurs hypothèques dans le délai fixé par l'art. 2195 du Code civil ne peuvent exercer de préférence sur le prix qu'autant qu'un ordre est ouvert dans les trois mois qui suivent l'expiration de ce délai et sous les conditions de l'art. 755.

Art. 757. — Les parties convoquées comparaissent au jour indiqué en personne ou par le ministère d'un avoué, conformément aux dispositions de l'art. 659.

Art. 758. — Dans le mois de la première réunion, si toutes les parties sont d'accord pour un règlement amiable, le juge clôt les essais de conciliation et procède au règlement convenu.
— Il liquide les frais de poursuite d'ordre et de radiation, qui sont colloqués d'office par préférence à toutes autres créances; il liquide en outre les frais de chaque créancier colloqué et ordonne la délivrance des bordereaux aux créanciers utilement colloqués, et la radiation de toutes les inscriptions, même de celle d'office si les créanciers y consentent.

Art. 759. — A défaut de règlement amiable dans le mois, par suite de l'absence d'un ou de plusieurs créanciers ou de l'incapacité de l'un des créanciers, le juge prononce une amende de 25 fr. contre les défaillants et surseoit aux essais de conciliation.

Il est procédé ensuite, conformément aux dispositions de l'art. 661, avec sommation, dans la signification aux défaillants, de faire valoir leurs droits de surenchère et de collocation dans la quinzaine, sous peine de déchéance.

Art. 760.—Les essais de conciliation sont ensuite repris au jour fixé pour la comparution des défaillants, et il est procédé conformément à l'art. 662.

En cas de désaccord entre les parties ou bien en cas d'incapacité de l'un des créanciers, il est procédé conformément aux dispositions des art. 663, 664 et 665.

Art. 760. — Art. 761 C. pr.
Art. 761. — Art. 762 —
Art. 762. — Art. 763 —

Art. 763. — Art. 764 C. pr.
Art. 764. — Art. 765 —
Art. 765. — Art. 766 —
Art. 766. — Art. 767 —
Art. 767. — Art. 768 —
Art. 768. — Art. 769 —
Art. 769. — Art. 770 —

Art. 770. — Au fur et à mesure du paiement des collocations (la suite comme à l'art. 771).

Art. 771. — Lorsqu'un nouvel ordre est ouvert contre le même débiteur devant le même trib., il y a lieu à jonction, conformément aux dispositions de l'art. 672.

Art. 772. — Art. 775 C. pr.

Art. 773. — En cas de retard dans la signification de l'avenir prescrit par l'art. 762, et dans la signification du jugement sur contredit, dont les frais seront au besoin prélevés en privilége, l'avoué poursuivant est déchu de la poursuite par ordonnance du juge portant nomination d'un autre avoué pour continuer la procédure.

L'avoué déchu de la poursuite ést tenu de remettre immédiatement les pièces, sur le récépissé de l'avoué qui le remplace, et n'est payé de ses frais qu'après la clôture de l'ordre.

Art. 774. — Art. 757 C. pr.

Art. 775. — Le débiteur d'un prix mis en distribution dans un ordre a le droit de demander la radiation des inscriptions, lorsque les essais de conciliation restent infructueux. — Dans ce cas, il fait connaître ses intentions aux créanciers à la dernière réunion, à charge par lui de verser son prix en capital et intérêts, à la Caisse des consignations, dans la huitaine, et de remettre au juge le récépissé qui lui a été délivré dans les vingt-quatre heures.

Art. 776. — Les créanciers et le débiteur discuté devront contester, s'il y a lieu, dans la quinzaine qui suit la remise du récépissé, par un dire motivé au bas du procès-verbal, à peine de nullité.

A défaut de contredit, le juge valide la consignation et prononce la radiation de toutes les inscriptions existantes, avec maintien de leur effet sur le prix.

Art. 777. — En cas de contestation, le juge renvoie les parties devant le trib., qui prononce sans retard pour l'ordre.

Art. 778. — Art. 779 C. pr.

Art. 779. — Les modifications à faire sont provoquées par les intéressés, par un dire sur le procès-verbal d'ordre, si l'ordre n'est pas terminé.

Après la clôture de l'ordre, la folle enchère est dénoncée au juge par un dire sur le registre des réquisitions d'ouverture.— Dans ce cas, le nouvel adjudicataire, le débiteur fol enchéri et les créanciers colloqués dans l'ordre à modifier sont convoqués dans les formes ordinaires, par le juge spécial ou par un magistrat désigné par le Président du trib., par une mention en marge de la réquisition, pour s'entendre sur les modifications à opérer.

Paris. — Imprimerie de E. DONNAUD, rue Cassette, 1.